Santo Onofre

Elam de Almeida Pimentel

Santo Onofre

Protetor contra o vício do álcool

Novena e ladainha

Petrópolis

© 2023, Editora Vozes Ltda.
Rua Frei Luís, 100
25689-900 Petrópolis, RJ
www.vozes.com.br
Brasil

4ª edição, 2014.
3ª reimpressão, 2025.

Todos os direitos reservados. Nenhuma parte desta obra poderá ser reproduzida ou transmitida por qualquer forma e/ou quaisquer meios (eletrônico ou mecânico, incluindo fotocópia e gravação) ou arquivada em qualquer sistema ou banco de dados sem permissão escrita da editora.

CONSELHO EDITORIAL

Diretor
Volney J. Berkenbrock

Editores
Aline dos Santos Carneiro
Edrian Josué Pasini
Marilac Loraine Oleniki
Welder Lancieri Marchini

Conselheiros
Elói Dionísio Piva
Francisco Morás
Teobaldo Heidemann
Thiago Alexandre Hayakawa

Secretário executivo
Leonardo A.R.T. dos Santos

PRODUÇÃO EDITORIAL

Anna Catharina Miranda
Eric Parrot
Jailson Scota
Marcelo Telles
Mirela de Oliveira
Natália França
Priscilla A.F. Alves
Rafael de Oliveira
Samuel Rezende
Verônica M. Guedes

Editoração: Fernando Sergio Olivetti da Rocha
Diagramação e capa: AG.SR Desenv. Gráfico

ISBN 978-85-326-3775-8

Este livro foi composto e impresso pela Editora Vozes Ltda.

Sumário

1. Apresentação, 7
2. A vida de Santo Onofre, 9
3. Novena de Santo Onofre, 13
    1º dia, 13
    2º dia, 14
    3º dia, 16
    4º dia, 18
    5º dia, 19
    6º dia, 21
    7º dia, 22
    8º dia, 23
    9º dia, 24
4. Orações a Santo Onofre, 27
5. Ladainha de Santo Onofre, 29

Apresentação

Santo Onofre é o santo invocado para pedir ajuda contra o vício do álcool. É comemorado no dia 12 de junho. Segundo a tradição, Onofre era filho de um rei e era dado ao vício da bebida. Com muita força de vontade, fé em Deus e ajuda da família, venceu o vício e tornou-se um ermitão. Viveu no Egito no século IV e, no século VI, já era invocado popularmente com pedidos de ajuda contra o vício do álcool.

No Brasil, no Nordeste, Santo Onofre é invocado também pelas pessoas que desejam boa sorte no baralho, proteção contra a fome, bem como para que tome "conta da despensa". No Vale do Jequitinhonha (MG), é o santo protetor das prostitutas pobres. Diz a tradição popular que, para alcançar as graças de Santo Onofre, a imagem do santo deve ser roubada e que muitos a colocam de costas no oratório.

Este livrinho contém a vida de Santo Onofre, sua novena, oração e ladainha. Durante os dias da novena, os devotos refletirão sobre passagens bíblicas, seguidas de uma oração para o pedido da graça especial, acompanhada de um Pai-nosso, uma Ave-Maria e um Glória-ao-Pai.

A novena poderá ser feita pela pessoa portadora do vício da bebida, por algum membro de sua família, amigo ou em conjunto.

A VIDA DE SANTO ONOFRE

Santo Onofre, chamado também de Santo Honofre ou Santo Onouphrius, é invocado para pedir ajuda contra o vício do álcool. Diz a tradição que Onofre viveu no século IV, era filho de um rei e venceu o vício da bebida com muita força de vontade, fé em Deus e ajuda da família. Tornou-se um monge em um mosteiro perto de Tebas, de onde saiu para viver uma vida de eremita e contemplação. Onofre viveu no deserto por 70 anos e usava como vestimenta apenas o seu cabelo e uma espécie de calça feita de folhas.

A história de Santo Onofre é contada por Pafúncio, um abade que andou 16 dias pelo deserto a fim de descobrir se tinha vocação para ser eremita. Nessa ocasião, conheceu Onofre, eremita há 70 anos. Este contou que, ainda no mosteiro, recebeu um "chamado" para imitar São João Batista e, assim, foi levado a viver sua vida de eremita.

Lutou por muitos anos contra tentações, mas, com perseverança, conseguiu vencê-las. Onofre falou sobre a fome e sede que sentira e também sobre a presença de Deus ali com ele, pois, ao lado de sua gruta, havia uma tamareira e assim podia se alimentar dos frutos dela. Conduziu Pafúncio à sua gruta, onde conversaram até o pôr-do-sol, quando, repentinamente, diante dos dois, apareceu um pouco de pão e água. Diz a tradição que foi um anjo que trouxe a comida para eles.

O Abade Pafúncio passou a noite na gruta de Onofre e, na manhã seguinte, Onofre disse a Pafúncio que o Senhor revelou-lhe que iria morrer em breve e que havia enviado Pafúncio para enterrá-lo. O abade disse que passaria a viver na gruta dele e Onofre respondeu que esta não era a vontade de Deus, e o que ele, Onofre, queria era que Pafúncio o recomendasse às orações dos fiéis.

Onofre realmente faleceu em breve e Pafúncio lhe fez uma mortalha com metade da própria túnica e sepultou-o numa abertura da rocha, tapando-a com pedras, mas a gruta desmoronou e o lugar imediatamente desapareceu, confirmando o que Onofre dissera que a vontade de Deus era que Pafúncio não ficasse ali.

Esta história, escrita por Pafúncio, tornou-se conhecida pelos cristãos dos séculos IV e V e, no século VI, Onofre já era conhecido como o santo que protegia contra o vício do álcool.

Na Idade Média, Santo Onofre se tornou muito popular no Leste e Oeste, principalmente na Rússia. Na Espanha é muito festejado e, atualmente, são vários os milagres a ele atribuídos.

Na liturgia católica, ele é mostrado como um velho eremita vestido apenas com um longo cabelo e uma folha cobrindo sua cintura. É o padroeiro dos tecelões, talvez porque tecia sua própria peça de roupa com fios de plantas encontradas no deserto. É o protetor dos alcoólatras.

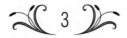

NOVENA DE SANTO ONOFRE

1º dia

Iniciemos com fé este primeiro dia de nossa novena, invocando a presença da Santíssima Trindade: em nome do Pai, do Filho e do Espírito Santo. Amém.

Leitura bíblica: 1Cor 3,16

> Não sabeis que sois templo de Deus, e que o Espírito de Deus habita em vós?

Reflexão

Esta passagem da 1ª Epístola aos Coríntios diz que nosso corpo é templo do Espírito Santo e, por ser um santuário sagrado, deve ser bem cuidado e respeitado. Portanto, vamos nos deixar tocar pelo sopro divino, livrando-nos de nossas inseguranças, de nossos medos, tensões, nervosismos. Vamos recuperar a esperança de viver.

Oração
Senhor, concedei-me a serenidade de viver um dia de cada vez, de aceitar as dificuldades que surgirem, confiando sempre em vós.

Santo Onofre, a vós recorro com fé e esperança, pedindo vossa intercessão para que... (fala-se o nome da pessoa) consiga se afastar da bebida.

Pai-nosso.
Ave-Maria.
Glória-ao-Pai.
Santo Onofre, intercedei por... (fala-se o nome da pessoa).

2º dia

Iniciemos com fé este segundo dia de nossa novena, invocando a presença da Santíssima Trindade: em nome do Pai, do Filho e do Espírito Santo. Amém.

Leitura bíblica: Sl 34,2-5

> Bendirei o SENHOR em todo o tempo, o seu louvor estará sempre nos meus lábios.
>
> A minha alma gloria-se no SENHOR; escutem-me os humildes e se alegrem: Engrandecei comigo o SENHOR e exaltemos juntos o seu nome!
>
> Procurei o SENHOR e Ele me respondeu; livrou-me de todos os meus temores.

Reflexão

A oração, a fé e a proximidade com Deus podem nos ajudar a equilibrar nossas emoções, mesmo diante das maiores dificuldades; podem nos ajudar a superar um problema, uma doença. O alcoolismo é uma doença e, como tal, precisa ser tratada. Vamos com fé pedir a Deus que nos guie nesta caminhada em busca da cura do alcoolismo.

Oração

Deus, dai-nos hoje a segurança do seu amor e a certeza de que estais conosco. Precisamos perceber a sua presença em nossas vidas. Santo Onofre, ajudai... (fala-se o nome da pessoa) a reconhecer a presença de Deus em sua vida. Não o deixeis para que ele não caia em tentação e beba. Que, no decorrer do dia, ... (fala-se o nome da pessoa) descubra que é capaz de vencer, de superar a tentação da vontade de fazer uso da bebida alcoólica.

Pai-nosso.

Ave-Maria.

Glória-ao-Pai.

Santo Onofre, intercedei por... (fala-se o nome da pessoa).

3º dia

Iniciemos com fé este terceiro dia de nossa novena, invocando a presença da Santíssima Trindade: em nome do Pai, do Filho e do Espírito Santo. Amém.

Leitura bíblica: Is 26,3

> O pensamento está firme: tu conservas a paz, a paz, porque tem confiança em ti. Confiai no SENHOR para sempre, porque o SENHOR é uma rocha eterna.

Reflexão

Em Jesus, Deus manifestou o seu amor incondicional por nós. Ele enviou seu filho para morrer por amor a cada um de nós, antes mesmo de nascermos. Isso é dádiva, é dom gratuito. E, por esta dádiva, recebemos a salvação, o perdão, a reconciliação e assim devemos traçar nossa vida, manifestando essa graça ao nosso próximo, à sociedade e a nós mesmos. Vamos ter cada vez mais fé em todos os momentos de nossa vida, não perdendo a esperança de salvar nosso ente querido do vício do álcool.

Oração

Ó Santo Onofre, que vossas orações se juntem às minhas, para que... (fala-se o nome da pessoa) descubra vossa presença, dando-lhe forças para vencer o vício do álcool. Dai-lhe fé para aceitar fazer o tratamento adequado para se livrar do alcoolismo, doença que tanto o prejudica como também a seus familiares. Amém!

Pai-nosso.

Ave-Maria.

Glória-ao-Pai.

Santo Onofre, intercedei por... (fala-se o nome da pessoa).

4º dia

Iniciemos com fé este quarto dia de nossa novena, invocando a presença da Santíssima Trindade: em nome do Pai, do Filho e do Espírito Santo. Amém.

Leitura bíblica: Sl 56,4-5

No dia em que tenho medo, confiante a ti me dirijo.

Em Deus, cuja palavra eu louvo, em Deus eu confio e nada temo: o que poderá um mortal fazer contra mim?

Reflexão

Tenha fé e confiança em Deus! Jesus pode tudo e pode curar também. Quando os doentes pediam para ser curados de uma doença, Jesus os mandava ter fé: "Tem confiança, tua fé o salvou". Assim, vamos confiar em Jesus, acreditando que, através da nossa confiança e fé, vamos conseguir separar o alcoolismo de nosso ente querido, estendendo nossa mão a ele e ajudando-o nessa fase difícil.

Oração

Santo Onofre, ajudai-nos a carregar este fardo difícil que é o vício do álcool. Ajudai-nos a reconhecer que cada pessoa é uma história, ninguém quer ser infeliz, ninguém é alcoólatra porque quer. Ajudai-nos a não julgar um alcoólatra e sim aprender a demonstrar nosso amor por ele, não o abandonando. Ajudai... (fala-se o nome da pessoa) a se afastar da bebida!

Pai-nosso.

Ave-Maria.

Glória-ao-Pai.

Santo Onofre, intercedei por... (fala-se o nome da pessoa).

5º dia

Iniciemos com fé este quinto dia de nossa novena, invocando a presença da Santíssima Trindade: em nome do Pai, do Filho e do Espírito Santo. Amém.

Leitura bíblica: Sl 121,2

> O meu socorro vem do SENHOR, que fez o céu e a terra.

Reflexão

Com fé, enfrentaremos qualquer provação em nossas vidas. Ela passará e mais fortificados ficaremos em nossa fé em Deus. Assim não desanimemos perante o alcoolismo. O poder de Deus realiza grandes milagres e é o nosso "socorro" em qualquer situação desesperadora.

Oração

Santo Onofre, ajudai-nos sempre a ter fé em Deus. Ajudai-nos a estender a mão a nosso ente querido que precisa tanto de amor e carinho, transmitindo-lhe coragem para lutar contra o vício. Iluminai a vida de... (fala-se o nome da pessoa), para que tenha força para vencer o vício. Abrandai as chamas das preocupações, devolvendo-lhe a paz de espírito.

Pai-nosso.

Ave-Maria.

Glória-ao-Pai.

Santo Onofre, intercedei por... (fala-se o nome da pessoa).

6º dia

Iniciemos com fé este sexto dia de nossa novena, invocando a presença da Santíssima Trindade: em nome do Pai, do Filho e do Espírito Santo. Amém.

Leitura do Evangelho: Mt 7,7-8

> Pedi e vos será dado; buscai e achareis; batei e vos abrirão. Pois quem pede, recebe; quem procura, acha, e a quem bate, se abre.

Reflexão

Rezemos sempre: louvar e bendizer a Deus diariamente deve fazer parte de nossa rotina diária. Às vezes nossa dor é tanta que não conseguimos nem rezar. Nessa hora, pensemos que nossa força está em Jesus e coloquemos nossa vida em suas mãos. Ele nos conduzirá.

Oração

Santo Onofre, abençoai todas as pessoas que trabalham em prol do combate ao vício do álcool. Confiante em vós, eu vos rogo, sede o medianeiro perante a misericórdia de Deus para que conceda a graça de afastar... (fala-se o nome da pessoa) de qualquer bebida alcoólica. Amém!

Pai-nosso.
Ave-Maria.
Glória-ao-Pai.
Santo Onofre, intercedei por... (fala-se o nome da pessoa).

7º dia

Iniciemos com fé este sétimo dia de nossa novena, invocando a presença da Santíssima Trindade: em nome do Pai, do Filho e do Espírito Santo. Amém.

Leitura bíblica: Sl 37,24

> Se cair, não ficará por terra, / Porque o SENHOR o segura pela mão.

Reflexão

Deus é a fonte de todas as graças. É o criador e conservador da vida. É nossa esperança, é nosso abrigo, é nossa libertação de todo o mal. Ainda que nos achemos abandonados, Deus está ao nosso lado, cuidando. Ele é o abrigo seguro. Apoiemos nele e oremos com confiança.

Oração

Glorioso Santo Onofre, vós que tantos milagres tendes realizado, ouvi minha súplica e alcançai de Deus, nosso Pai, a graça que vos peço... (fala-se o pedido e o nome da pessoa). Amém.

Pai-nosso.

Ave-Maria.

Glória-ao-Pai.

Santo Onofre, intercedei por... (fala-se o nome da pessoa).

8º dia

Iniciemos com fé este oitavo dia de nossa novena, invocando a presença da Santíssima Trindade: em nome do Pai, do Filho e do Espírito Santo. Amém.

Leitura do Evangelho: Mc 9,23

[...] Tudo é possível para quem tem fé!

Reflexão

Não nos deixemos vencer pelo desânimo; acreditemos na capacidade do ser humano e também no poder de Deus, assim como o Apóstolo Paulo: "Tudo posso naquele que me conforta" (Fl 4,13).

Acreditando no poder e no amor de Deus, teremos força para superar o desespero de ver um ente querido atormentado por um vício e auxiliá-lo no tratamento adequado, mostrando a ele que a religiosidade também pode ajudá-lo nesta hora difícil.

Oração

Ó querido Santo Onofre, dai-me forças para vencer todas as tentações e atendei meu pedido... (fala-se o pedido e o nome da pessoa).

Pai-nosso.

Ave-Maria.

Glória-ao-Pai.

Santo Onofre, intercedei por... (fala-se o nome da pessoa).

9º dia

Iniciemos com fé este último dia de nossa novena, invocando a presença da Santíssima Trindade: em nome do Pai, do Filho e do Espírito Santo. Amém.

Leitura do Evangelho: Mc 11,22-24

Jesus respondeu: – Tende fé em Deus. Eu vos asseguro: Quem disser a este monte: "Sai daí e joga-te ao mar" e não duvidar em seu coração, mas acreditar que vai acontecer o que diz, assim acontecerá. Por isso eu vos digo: Tudo o que pedirdes na oração, crede que o recebereis e vos será dado.

Reflexão

Devemos ter fé em Deus e partilhar nossos problemas com ele com total confiança. A oração, a fé e a proximidade com Deus podem nos ajudar muito no enfrentamento de problemas relacionados ao vício do álcool.

Oração

Santo Onofre, concedei-me a fé necessária para acreditar que... (fala-se o nome da pessoa) vai conseguir se manter longe do álcool, evitando qualquer tipo de bebida alcoólica. Rogai a Deus por... (fala-se o nome da pessoa) para que encontre um apoio sólido na família.

Pai-nosso.

Ave-Maria.

Glória-ao-Pai.

Santo Onofre, intercedei por... (fala-se o nome da pessoa).

Orações a Santo Onofre

Oração 1

(Para ser recitada pela pessoa que quer se livrar do vício.)

Ó Santo Onofre, que, pela fé, penitência e força de vontade, vencestes o vício do álcool, ajudai-me a resistir à tentação da bebida.

A vós recorro porque em vós e em Deus eu vejo uma esperança, uma luz para a minha vida. Ajudai-me sempre a ter um pensamento positivo em relação ao combate ao álcool, revigorando em mim a crença no poder de Deus, acreditando que "Tudo posso naquele que me fortalece". Amém.

Oração 2

(Para ser recitada por familiar(es) de uma pessoa que tem o vício do álcool.)

Glorioso Santo Onofre,
Livrai... (fala-se o nome da pessoa) do vício do álcool. Concedei-lhe a força e a esperança necessárias para tal. Abençoai os Alcoólicos Anônimos e a todos os profissionais que têm o propósito de afastar alguém da bebida.
Iluminai a mim e a minha família para prestar a ajuda necessária à(ao)... (fala-se o nome da pessoa), para que saibamos demonstrar a ele(ela) todo o nosso amor e compreensão. Que a paz e a alegria voltem a reinar em nosso lar. Amém.

Ladainha de Santo Onofre

Senhor, tende piedade de nós.
Jesus Cristo, tende piedade de nós.
Senhor, tende piedade de nós.

Jesus Cristo, ouvi-nos.
Jesus Cristo, atendei-nos.

Pai celeste, que sois Deus, tende piedade de nós.
Deus Filho, redentor do mundo, tende piedade de nós.
Deus Espírito Santo, tende piedade de nós.
Santíssima Trindade, que sois um só Deus, tende piedade de nós.

Santa Maria, Rainha dos Mártires, rogai por nós.
Santo Onofre, discípulo de Jesus, rogai por nós.

Santo Onofre, humilde de coração, rogai por nós.

Santo Onofre, que viveu de penitência, rogai por nós.

Santo Onofre, que, pela fé e boa vontade, venceu o vício do álcool, rogai por nós.

Santo Onofre, santo invocado contra o vício do álcool, rogai por nós.

Santo Onofre, esperança dos alcoólatras, rogai por nós.

Santo Onofre, protetor dos alcoólicos anônimos, rogai por nós.

Santo Onofre, invocado para a boa sorte no baralho, rogai por nós.

Santo Onofre, protetor contra a fome, rogai por nós.

Santo Onofre, invocado pelas prostitutas, rogai por nós.

Santo Onofre, consolo dos aflitos, rogai por nós.

Santo Onofre, santo invocado para livrar de todos os vícios, rogai por nós.

Santo Onofre, amigo dos devotos, rogai por nós.

Santo Onofre, invocado por familiares dos alcoólatras, rogai por nós.

Santo Onofre, amigo de Deus, rogai por nós.

Cordeiro de Deus, que tirais os pecados do mundo, perdoai-nos, Senhor.

Cordeiro de Deus, que tirais os pecados do mundo, atendei-nos, Senhor.

Cordeiro de Deus, que tirais os pecados do mundo, tende piedade de nós, Senhor.

Jesus Cristo, ouvi-nos.
Jesus Cristo, atendei-nos.

Rogai por nós, Santo Onofre,
Para que sejamos dignos das promessas de Cristo.

Conecte-se conosco:

- **f** facebook.com/editoravozes
- ⓘ @editoravozes
- 𝕏 @editora_vozes
- ▶ youtube.com/editoravozes
- ⓦ +55 24 2233-9033

---

www.vozes.com.br

Conheça nossas lojas:
www.livrariavozes.com.br

Belo Horizonte – Brasília – Campinas – Cuiabá – Curitiba
Fortaleza – Juiz de Fora – Petrópolis – Recife – São Paulo

EDITORA VOZES LTDA.
Rua Frei Luís, 100 – Centro – Cep 25689-900 – Petrópolis, RJ
Tel.: (24) 2233-9000 – E-mail: vendas@vozes.com.br